BEI GRIN MACHT SICH IHR WISSEN BEZAHLT

- Wir veröffentlichen Ihre Hausarbeit,
  Bachelor- und Masterarbeit

- Ihr eigenes eBook und Buch -
  weltweit in allen wichtigen Shops

- Verdienen Sie an jedem Verkauf

Jetzt bei www.GRIN.com hochladen und kostenlos publizieren

AF131215

Bibliografische Information der Deutschen Nationalbibliothek:

Die Deutsche Bibliothek verzeichnet diese Publikation in der Deutschen National-
bibliografie; detaillierte bibliografische Daten sind im Internet über http://dnb.d-
nb.de/ abrufbar.

Impressum:

Copyright © 2016 GRIN Verlag, Open Publishing GmbH
Druck und Bindung: Books on Demand GmbH, Norderstedt Germany
ISBN: 9783668407435

Dieses Buch bei GRIN:

http://www.grin.com/de/e-book/350882/filmmusik-gestern-und-heute-ausgewaehlte-
analysen-zum-leitmotiv-von-forrest

Jule Henne

Filmmusik gestern und heute. Ausgewählte Analysen zum Leitmotiv von "Forrest Gump"

GRIN Verlag

GRIN - Your knowledge has value

Der GRIN Verlag publiziert seit 1998 wissenschaftliche Arbeiten von Studenten, Hochschullehrern und anderen Akademikern als eBook und gedrucktes Buch. Die Verlagswebsite www.grin.com ist die ideale Plattform zur Veröffentlichung von Hausarbeiten, Abschlussarbeiten, wissenschaftlichen Aufsätzen, Dissertationen und Fachbüchern.

Besuchen Sie uns im Internet:

http://www.grin.com/

http://www.facebook.com/grincom

http://www.twitter.com/grin_com

Facharbeit

Filmmusik - gestern und heute

Ausgewählte Analysen zum Leitmotiv von „Forrest Gump"

Inhalt

1. Einleitung

„Ein Film ohne Musik ist wie ein Flugzeug ohne Treibstoff"[1]

Wer ins Kino geht oder einen Film schaut tut dies selten wegen der Musik. Doch was wäre ein Film ohne Musik?

Die vorliegende Arbeit ist in zwei wesentliche Teile gegliedert.

Der erste Teil beschäftigt sich mit den grundsätzlichen Punkten der Filmmusik, der historischen Entwicklung, den Funktionen und Wirkungen, den Grundbegriffen und auch den drei Arbeitstechniken Hansjörg Paulis. Ebenfalls wird auf wichtige Filmmusikkomponisten eingegangen.

Im zweiten Teil der Arbeit, dem Schwerpunkt dieser Arbeit, wird der bekannte Film „Forrest Gump" dargestellt. Der Inhalt des Filmes wird zusammengefasst. Außerdem wird die biografische und die berufliche Laufbahn des Hauptdarstellers Tom Hanks vorgestellt. Anschließend wird ein Leitmotiv zum Film ausgewählt und das dazugehörige Notenbild hinsichtlich Rhythmik, Melodik und Harmonik analysiert.

Zum Schluss gibt es eine kurze Zusammenfassung und ein Fazit.

Ich habe das Thema gewählt, weil ich mich sowohl für Musik, als auch für Filme interessiere. Selber habe ich lange Zeit Klavier gespielt und weiß wie die Musik Gefühle beeinflussen kann. Die Wirkung von Musik auf einen Film (beispielsweise im Kino) ist beeindruckend.

Ich habe mich für den Film „Forrest Gump" entschieden, weil ich die Geschichte erstaunlich finde und weil das Filmgeschehen oft nicht den Erwartungen der Zuschauer entspricht.

---

[1] Maas, Georg/ Schudack, Achim: Musik und Film- Filmmusik(1994), Zitat: Audrey Hepburn, S.82

2. Filmmusik Allgemein

2.1. Geschichte der Filmmusik/ des Films

2.1.1. Stummfilmzeit / Beginn des Films (1895 – 1927)

Die „Geburt" des Films hängt mit zwei bedeutenden historischen Ereignissen zusammen. 1892 erfindet Thomas A. Edison den Kinetoskopen (= Laufbildbetrachter), ein kistenförmiges Gerät (auch Vorläufer des heutigen Filmprojektors), das einen 15 Meter langen Filmstreifen enthält. Die Zellfluidfilme werden in einer Endlosschleife an einem Okular entlang transportiert und sind so für jeweils eine einzelne Person sichtbar. Wenig später, 1893 sind die Kinetoskopen auch mit Edisons ursprünglicher Erfindung, dem Phonografen[2] ausgestattet. So konnte man mithilfe eines Kopfhörers zu dem laufenden Filmbild auch noch Geräusche und Klänge hören. In Europa stellte Edison seine Erfindungen 1895 vor.

Das zweite historische Ereignis war die erste Filmvorführung der Gebrüder Lumière am 28. Dezember 1895 im Pariser Grand Café. Es war ein ca. 50 Sekunden langer dokumentarischer Filmstreifen, der kurze Ausschnitte aus der Alltagswelt der Lumières enthielt. Einen Monat zuvor führten die Gebrüder Skladanowsky ihre lebenden Fotografien mit einem begleitenden Orchester im Berliner Variété-Restaurant Wintergarten vor.

Ursprünglich wurde die Filmmusik nur zum Übertönen der Geräusche von Vorführapparaten und des Straßenlärms eingeführt. Andere Gründe waren auch, dass das Publikum an die Dialoge der Schauspiel- und Opernhandlungen gewöhnt war und das unwirkliche Filmbildgeschehen ohne Sprache bei den Zuschauern teilweise auch Angst auslöste.

Da man damals noch keine Möglichkeit hatte Tonaufnahmen zu machen, wurde der Stummfilm beispielsweise live von einem Pianisten oder einem Orchesterspiel begleitet. Die Musik wurde nicht extra für einen Film komponiert, sondern es wurden bekannte Stücke aus Opern oder Operetten verwendet.

Langsam entwickelten sich die eigentlichen Funktionen der Filmmusik, nämlich die Erhöhung der Wirkung der stummen Bilder.

---

[2] Gerät zur Aufzeichnung und Wiedergabe von Schall / Ton

Es dauerte eine Weile bis das neue Medium Film sein billiges Rummel- und Sensationsimage abgelegt hatte und durch die Errichtung großer Kinosäle und erster Lichtspielhäuser, wo ganze Orchester Platz hatten auch finanzkräftigeres Publikum angelockt wurde. Doch ein Kinoorchester war kostspielig und es wurde ein Instrument entwickelt, dass über ein großes Arsenal an Klängen verfügt. Die sogenannte Kinoorgel konnte nur von einem einzigen Musiker bedient werden. Beim betätigen einer Taste konnten unterschiedliche Klänge wie zB. „Sturm", „Regen", „Vogelgezwitscher" oder „Hufgetrappel" erzeugt werden.

1905 war in den USA die Eröffnung des ersten „Nickelodeons". In den komfortabel ausgestatteten Vorführsälen mit abgetrennten schalldichten Projektorräumen fanden 200 Zuschauer für jeweils 5 Cent ihren Platz. Mit der Zeit entwickelte sich der Film sich auch inhaltlich weiter. Aus den anfänglichen Alltagsszenarien wurden erste Genres und Erzählkinos (u.a. Abenteuer – und Westernfilme). In den Anfangsjahren war die Qualität der Stummfilmmusik sehr unterschiedlich und Zeitschriften zufolge waren viele Klaviere verstimmt und manche Pianisten spielten so, als ob sie nichts von Musik verstehen würden. Bald wurde daher versucht, den Missständen und der Beliebigkeit der Musikauswahl entgegenzuwirken. Um die Musik enger an den Film anzupassen wurden sogenannte Cue Sheets [3] entwickelt. Die darin aufgezählten Musikstücke wurden von Musikberatern der größeren Filmproduktionen ausgesucht und mit den Filmen zusammen geliefert. [4] [5] [6]

2.1.2. Tonfilm

Das Jahr 1927 veränderte die Filmmusik in den USA entscheidend: Der Tonfilm löste den Stummfilm ab. Entscheidend war der Musikfilm „der Jazzsänger" indem die stummen Gestalten auf der Leinwand plötzlich sprechen konnten. Man bezeichnete diese Filme deshalb als „Talkies".

Damals verwendete man das Nadeltonverfahren, bei dem der Ton auf einer riesigen Schallplatte aufgezeichnet wurde. Im Kino wurden dann die Filmspule und die

---

[3] stichwortartige Liste der Filmszenen samt geeigneter Musiknummern
[4] vgl. Maas/ Schudack: Musik und Film – Filmmusik. S.10ff.
[5] vgl. Krettenauer, Thomas: Filmmusik. Oberstufe Musik, Berlin 2008
[6] vgl. Maas, Georg: Thema Musik. Filmmusik, Leipzig 2001

dazugehörige Schallplatte gleichzeitig gestartet, um Bild und Ton synchron zueinander verlaufen zu lassen. Kurze Zeit später entwickelte sich das Nadeltonverfahren und 1931 etablierte sich das Movietone-System von Lee De Forest. Bei dem System wird der Ton direkt auf den Filmstreifen auf einer eigenen Spur aufgenommen. Innerhalb kürzester Zeit wurden in den USA und später dann auch in Europa nur noch Tonfilme produziert. Auf die Filmmusik wurde in den 20er und 30er Jahren meist verzichtet. Auch in den 40er und 50er Jahren wurde die Filmmusik verdrängt. Erst in den 70er Jahren kehrte die sinfonische Filmmusik zurück. Viele verknüpfen die Rückkehr mit Ennio Morricone und John Williams.[7]

2.2. Bedeutende Filmkomponisten

2.2.1. John Williams

John Williams wurde 1932 in New York geboren und ist einer der bekanntesten Filmkomponisten überhaupt. Seinen Durchbruch erlebte er 1975 mit der Filmmusik zu „Der weiße Hai". Seine bekanntesten Filmmusiken hat er zu „Star Wars", „E.T.", „Harry Potter", „Superman" und „Indiana Jones". Er schrieb zu über 150 Filmen und 15 Serien die Musik.[8] Zusätzlich ist John Williams auch am Dirigentenpult tätig.[9] Alles spricht dafür, dass John Williams eine Legende in der amerikanischen Musik wird oder bereits ist.[10]

2.2.2. Hans Zimmer

Hans Zimmer ist einer der erfolgreichsten Filmmusikkomponisten Hollywoods. Er wurde 1957 in Frankfurt am Main geboren. Zu bereits über 100 Filmen schrieb der die Musik. Sein endgültiger Durchbruch war 1988 mit dem Film Rain Man, wofür er auch zu einem Oscar nominiert wurde.

Weitere Filme sind zum Beispiel „Der König der Löwen", „Inception", „Gladiator", „Fluch der Karibik 2" und auch „Interstellar".

---

[7] vgl. Maas 2001 Filmmusik S.3ff.
[8] vgl. http://www.moviepilot.de/people/john-williams
[9] vgl. Thomas, Tony: Filmmusik 1995, S 363
[10] Thomas: Filmmusik 1995, S 363

Hans Zimmer ist für die Verwendung von ethnischen Instrumenten (Instrumente verschiedener Herkunft, Kultur) und Kompositionen mit afrikanischen Einflüssen bekannt. [11]

2.2.3. Alan Silvestri

Alan Silvestri wurde 1950 in New York geboren. Er machte 1970 seinen Abschluss in Filmmusik am Berkley College of Music in Boston. Alan Silvestri wurde durch Filme wir Forrest Gump und Zurück in die Zukunft bekannt. Er schrieb noch zu über 100 weiteren Filmen die Musik. Alan Silvestri war auch für seine Zusammenarbeit mit Robert Zemeckis[12] bekannt. Er bekam außerdem viele Auszeichnungen wie einen Oscar und Golden Globe für „Forrest Gump" oder einen Grammy für „falsches Spiel mit Roger Rabbit"[13]

2.3. Wichtige Bergriffe der Filmmusik

2.3.1. Underscoring

Das Underscoring beschreibt die Unterlegung der Filmhandlung mit einem großflächigem angepasstem Klangteppich. Selbst in längeren Dialogen verstummt er nicht sondern verliert nur an Lautstärke.

2.3.2. Leitmotivtechnik

Bei der Leitmotivtechnik werden wichtigen Personen, Lokalitäten oder Ideen der Filmhandlung bestimmten musikalischen Motiven zugewiesen.

Sie dienen zur Darstellung von Handlungsträgern und Situationen und bei den Zuschauern werden Erinnerungen an vorherige Filmszenen hervorgerufen. Die Technik entwickelte sich hauptsächlich durch Max Steiner in der Stummfilmzeit.

(Beispiel: Im Film „Harry Potter" wenn die Eule erscheint immer spezielle Musik)

---

[11] vgl. Walk, Ines: Hans Zimmer (2007), URL: http://www.moviepilot.de/people/hans-zimmer (Stand: 10.11.2016)

[12] US-amerikanischer Regisseur und Filmproduzent

[13] vgl. Walk, Ines: Alan Silvestri, URL: http://www.moviepilot.de/people/alan-silvestri (Stand: 10.12.2016)

2.3.3. Mood-Technik

Die Mood-Technik ist ein Verfahren durch Filmmusik die Stimmung einer Szene zu illustrieren und unsichtbare psychische Befindlichkeiten und das Seelenleben der Protagonisten widerzuspiegeln. Es ist ein wesentliches Medium um Stimmungen auszudrücken und das Bildgeschehen zu emotionalisieren.

2.3.4. Mickeymousing

Das Mickeymousing ist eine lautmalerische musikalische Nachzeichnung von Bewegungsabläufen bis ins kleinste Detail. Das Verfahren stammt aus den Trickstudios Walt Disney und fand Eingang in die sinfonische Filmmusik Hollywoods. Es wird zum Beispiel das Klirren in einem Fechtduell von schrillen Beckenschlägen im Orchester begleitet. [14] [15]

2.4. Wirkung und Funktionen der Filmmusik

2.4.1. Wirkung

Als Zuschauer eines Films nehmen wir Bilder, Sprache, Geräusche und Musik wahr. Auge und Ohr werden gleichermaßen beansprucht. Allerdings nehmen wir das was wir hören, insbesondere Filmmusik eher unbewusst im Gehirn wahr. Die Musik löst Gefühle in uns aus und beeinflusst uns, ohne das wir es merken. So findet man zum Beispiel eine Person unsympathisch, obwohl man nichts von ihr weiß nur durch die Musik. Filmmusik zielt darauf ab den visuellen Eindruck des Zuschauers zu intensivieren.[16]

2.4.2. Funktionen

Die Frage welche Aufgabe die Musik zum Film hat, beschäftigte bereits viele Fachleute. Schon im Jahre 1914 formulierte die Soziologin Emilie Altenloh, dass die Musik den Film illustriert und von einer anderen Seite an den Zuschauer herantritt, um sein Gefühl mitschwingen zu lassen.

---

[14] vgl. Krettenauer: Filmmusik 2008 S 26f.
[15] vgl. Maas/ Schudack: Musik und Film - Filmmusik S. 294-300
[16] vgl. Spielpläne 2, S 216

Generell lässt sich sagen, dass Filmmusik ein künstlerisches Gestaltungselement unter anderen ist. Sie steht in engster Verbindung zur filmischen Inszenierung und Schauspielkunst, der Kameraarbeit, das Szenenbild und auch zur Lichtgestaltung. Die Musik ist ein nicht wegzudenkender Faktor des Gesamtkunstwerks eines Filmes. Viele sind der Meinung Musik sollte das Filmgeschehen nicht beeinträchtigen und nicht bewusst gehört werden. Andere lehnen diese Theorie ab und sind der Ansicht Musik solle bewusst wahrgenommen werden, da sie zu Handlung und Darstellung des Filmes gehört.[17]

Eine der ersten Versuche, die vielfältigen Funktionsweisen von Filmmusik an einem Modell zu beschreiben, stammt von dem deutschen Filmemacher und Autor Hansjörg Pauli. Er stellte die drei Techniken Paraphrasierung, Kontrapunktierung und Polarisierung auf.

Ein anderes Kategoriesystem stellte der US-Autor Roy Prendergast vor:

1) Musik kann eine überzeugende Atmosphäre von Zeit und Ort schaffen
2) Musik Kann benutzt werden, um psychologische Feinheiten zu begründen oder zu verdeutlichen
3) Musik kann als neutraler Hintergrundfüller dienen
4) Musik kann helfen, ein Gefühl von Kontinuität im Film aufzubauen
5) Musik kann das Fundament für den dramaturgischen Aufbau einer Szene liefern und diese dann durch eine musikalische Schlusswirkung abrunden[18]

Nach Aaron Copland kann Musik beispielsweise Atmosphären herstellen, Bilder integrieren, Zeitempfindungen relativieren, Bewegungen illustrieren, Emotionen abbilden und Nebensächlichkeiten hervorheben.

Filmmusik kann:

- in Abschnitten des Films in den Vordergrund treten und den Film dadurch gliedern

---

[17] vgl. Krettenauer: Filmmusik 2008, S 13
[18] Krettenauer: Filmmusik 2008, S 14

- Zeitsprünge überbrücken, Handlungsstränge verbinden und Szenenhöhepunkte hervorheben und dadurch die Erzählstruktur des Films gliedern
- Stimmungen mitteilen
- Botschaften übermitteln
- von sich selbst berichten
- Erwartungen der Zuschauer übermitteln
- helfen den Filmverlauf richtig zu verstehen[19]

2.5. Die drei Arbeitstechniken der Filmmusik

2.5.1. Paraphrasierung

Bei einer Paraphrasierung wird eine im Film dargestellte Stimmung illustriert. Die Filmmusik entspricht den in der Szene gezeigten Gefühlen und die bildliche Ebene wird so verdoppelt. Zum Beispiel wird eine traurige Szene mit trauriger Musik unterlegt. Ein Filmbeispiel ist in „Herr der Ringe" in den Schlachtszenen.

2.5.2. Kontrapunktierung

Die Musik widerspricht den in der Szene dargestellten Gefühlen, sie drückt das Gegenteil aus. Der Zuschauer wird irritiert und fängt an zu vermuten was passiert. Seine audiovisuelle Wahrnehmung wird gestört. Man ahnt, dass etwas nicht stimmt. Ein Beispiel ist im Film Uhrwerk Orange bei Misshandlung und Mord einer Frau.

2.5.3. Polarisierung

Musik kann die Stimmung der Szene zuspitzen und verdeutlichen (steuert Gefühle einer Szene) und so zur Einschätzung einer Szene dienen. Einer neutralen Bildschicht wird ein eindeutiger Charakter zu gewiesen.[20]

Ein Beispiel ist im Film „Der Hobbit – Eine unerwartete Reise" die Anfangsszene (Naturbild charakterisiert)[21]

---

[19] Maas: Filmmusik 2001, S 24f.
[20] vgl. Spielpläne 2 s 214-215
[21] vgl. URL: http://forum.giga.de/kino-dvd-blu-ray/1155718-beispiele-für-filmmusik.html (Stand:20.12.2016)

3. Forrest Gump

3.1. Kurzvorstellung

Der Film „Forrest Gump" aus dem Jahre 1993 beschreibt die Geschichte des ehemals gehbehinderten und geistig zurückgebliebenen jungen Mannes Forrest Gump. Er erzählt die Geschichte anderer Passagieren, während er auf den Bus zu seiner Geliebten Jenny wartet. Seine Geschichte handelt von skurrilen Zufällen, die ihn als Ausnahmesportler, Kriegshelden, Marathonläufer und Shrimpsfischer zeigen. Der Film spiegelt außerdem die amerikanische Gegenwartsgeschichte der damaligen Zeit wider. Der Regisseur Robert Zemeckis verwendet in einigen Szenen des Films Archivmaterial von realen Personen wie John F. Kennedy oder John Lennon, in das der Hauptdarsteller (gespielt von Tom Hanks) mittels moderner Digitaltechnik eingefügt wurde. Der Filmmusikkomponist Alan Silvestri (geboren 1950) verwendete zur musikalischen Illustration Forrest Gumps Lebensgeschichte 32 Songklassiker, unter anderem „Hound Dog", interpretiert von Elvis Presley.   Neben den Klassikern hat Alan Silvestri einige Musiknummern komponiert, mit denen zum einem die Hauptfigur charakterisiert und zum anderen dramaturgische Schlüsselszenen musikalisch unterlegt werden.[22]

3.2. Tom Hanks

Thomas Jeffrey Hanks wurde am 9. Juli 1956 in Concord, Kalifornien geboren. Er ist nicht nur als Schauspieler tätig, sondern arbeitet teilweise auch als Regisseur (zum Beispiel in „From the Earth to the Moon"), Produzent (wie für „The Pacific") und Synchronsprecher. Insgesamt war er bis heute an 93 Filmen und 16 Serien beteiligt.

Tom Hanks wurde im Laufe seiner Karriere fünfmal für einen Oscar nominiert, wobei er ihn nur zweimal für den „besten Hauptdarsteller" in Forrest Gump" und Philadelphia bekam. Er gewann viermal den „Golden Globe".

---

[22] vgl. Krettenauer, Thomas: Filmmusik S.62f.

Sein Durchbruch erfolgte 1993 mit dem Liebesfilm „Schlaflos in Seattle".[23] Obama überreichte Tom Hanks im November 2016 die Freiheitsmedaille „Presidential Medal of Freedom".[24]

3.3. Leitmotiv

Ein Leitmotiv im Film „Forrest Gump" ist weiße Feder, die vom Himmel heruntersegelt und genau vor den Füßen des Hauptdarstellers landet. Er hebt die Feder auf und legt sie in ein Buch. Am Ende des Films schwebt diese Feder wieder aus dem Buch heraus. (Die Feder umklammert sozusagen den Film.) Der Film zeigt, dass Menschen, die von der Norm abweichen es meist nicht leicht haben und nicht immer von der Gesellschaft akzeptiert werden, doch trotzdem viel schaffen können. Den Problemen nahe liegt auch die Frage nach Schicksal, Bestimmung oder Zufall.

Auch Forrest stellt sich irgendwann die Frage, ob jeder eine Bestimmung hat oder ob alle nur zufällig so dahingleiten wie eine Feder. Die Feder während des Vorspans und des Abspanns soll dieses Gefühl für die Zuschauer noch etwas veranschaulichen.

Bei Forrests Schicksal würde man normalerweise denken ein Leben mit irgendeinem Job und Behindertenunterstützung sei ihm vorbestimmt. Das es ihm aber nicht bestimmt ist, zeigt der Film, denn durch dieses leichte und unbeschwerte Dahinleben wie eine Feder, erreicht er gerade das, was man nicht von ihm erwartet hätte.[25]

Der Vorspann dieses Films bereitet den Zuschauer schon komplett auf die gesamte Handlung, die Gefühle des Hauptdarstellers und das Auf und Ab seinen Lebens vor.[26]

Doch nicht nur die Feder, sondern auch die Musik weist auf die Filmgeschichte hin. Die etwas spieluhrartige Musik spiegelt den Charakter von Forest wider, da er bis zum Ende des Films wie ein Kind ist und zurückgeblieben ist.

---

[23] vgl. Walk, Ines: Tom Hanks (2007), URL: http://www.moviepilot.de/people/tom-hanks (Stand: 16.12.2016)
[24] vgl. http://www.bunte.de/starprofile/tom-hanks.html (Stand: 20.12.2016)
[25] vgl. http://www.uni-protokolle.de/foren/viewt/116380,0.html
[26] Mörtl, Katrin: Filmanalyse zu „Forrest Gump"(2001), URL: http://wwwu.edu.uni-klu.ac.at/kmoertl/filmanalyse.doc (Stand: 18.12.2016)

Zusammenfassend kann man sagen, dass die Vorspannmusik den Filmausschnitt nicht nur verstärkt, sondern auch auf den Rest der Handlung vorbereitet.[27]

3.4. Analyse des Hauptmotivs (siehe Anhang)

3.4.1. Rhythmik

„Forrest Gump - Main Title" besteht aus 13 Takten im 4/4 Takt (gerader Takt). Es gibt ein auftaktiges Vorspiel von 4 Takten. Im Auftakt gibt es 2 Achtelpausen im 1. und 3. Takt. Es gibt ein Vorzeichen b. Die linke und die rechte Hand spielen im Violinschlüssel. Die rechte Hand spielt hauptsächlich viertel und achtel Noten und die linke Hand ganze oder viertel Noten.

Das Stück hat Bindebögen, da mehrere töne unterschiedlicher Tonhöhe ohne Pausen aneinander gebunden werden.

Das eigentliche Hauptmotiv im Film „Forrest Gump" besteht aus dem fünften und sechsten Takt. Außerdem wird das Hauptmotiv im 9 und 10 Takt sequenziert (Beginn bei h).

3.4.2. Melodik

In Takt 1 des Vorspieles bewegt sich die Melodie von g eine Quarte abwärts zu d und dann eine Quinte abwärts zu g. Es gibt einen Haltebogen auf g. Auf den Haltebogen folgt eine Quinte aufwärts von g – d und wieder eine Quinte abwärts von d – g und wieder eine Quinte abwärts von g – c. Takt 1 wird im dritten Takt wiederholt. Die Melodie bewegt sich am Anfang in Takt 5 schrittweise (in Sekunden)aufwärts von a-c, dann einen Haltebogen auf c und geht dann eine große Terz runter auf a. Im 6 Takt geht sie von c eine Quarte aufwärts und wieder eine Quarte abwärts von f zu c und eine große Terz zu a.

Die Takte 1-11 werden eine Oktave höher gespielt (sequenziert).

---

[27] vgl. http://www.pausenhof.de/referat/musik/die-filmmusik-kann-die-handlung-verstaerken-interpretieren-und-kommentieren-analysiere-unter-diesen-gesichtspunkten-a-den-vorspann-b-ein-leitmotiv-c-einen-song-aus-forrest-gump-/12800

3.4.3. Harmonik

Das Hauptmotiv, der fünfte und sechste Takt sind F-Dur Akkorde.

3.4.4. Instrumentierung

In dem Film „Forrest Gump" wurden die Instrumente Streicher, Cello, Orchester, Sopran, Chor, Harfe und Piano verwendet. [28]

4. Schluss / Zusammenfassung

Die Anfänge der Filmmusik waren bereits 1895. In der „Stummfilmzeit" wurden stumme Filme live von beispielsweise einem Pianisten begleitet. 1927 wurde der Tonfilm eingeführt, wo der Ton direkt auf einer Schallplatte oder direkt auf den Filmstreifen aufgezeichnet wird. Diese Verfahren werden bis heute verwendet.

Filmmusik ist funktionale Musik. Sie hat zahlreiche Funktionen, wie zum Beispiel Emotionen hervorrufen, Atmosphären schaffen oder Handlungsstränge verbinden.

Die Musik im Film beeinflusst uns, ohne das wir sie bewusst wahrnehmen.

Wichtige Grundbegriffe beziehungsweise Techniken der Filmmusik sind Mickeymousing, die Mood-Technik, Underscoring und die Leitmotivtechnik.

Der Filmmusikspezialist Hansjörg Pauli beschäftigte sich 1977 damit, in welchem Verhältnis Musik und Film zueinander stehen könnten. Er stellte die drei Arbeitstechniken Paraphrasierung, Kontrapunktierung und Polarisierung auf. [29]

Im Film „Forrest Gump" verkörpert Tom Hanks, einen naiven Autisten, der unbeabsichtigt einen Erfolg nach dem anderen hat. Der Film wurde insgesamt mit sechs „Oscars" ausgezeichnet.[30]

Aus der Arbeit lässt sich folgende Schlussfolgerung ziehen: Die Filmmusik ist ein bedeutender, nicht wegzudenkender Faktor des Gesamtkunstwerks Film.

---

[28] vgl. Weimar, Ines/ Ohl, Erik/ Ohl, Vera/ Schönebeck, Lars: URL:
https://www.musicfox.com/thema/filmmusik-soundtrack/forest-gump/1 (10.12.2016)
[29] vgl. Maas: Filmmusik 2001
[30] vgl. Wunderlich, Dieter: Forrest Gump (2002) URL:
http://www.dieterwunderlich.de/Zemeckis_Gump.htm

Musik ist fähig, dem Zuschauer mehr zu erzählen, als tausend Bilder es könnten und trotzdem ist sie ohne Bilder oft schwer verständlich.[31]

„Es ist beinahe unmöglich, Filme ohne Musik zu machen. Filme brauchen in den Zement der Musik. [...]"[32]

---

[31] Greiner, Hubl: Stimmung des Films in Filmmusik und Filmtipps, URL:
http://www.e-filmmusik.de/geschichte_filmmusik/stimmung_film.html (Stand: 20.12.2016)
[32] Krettenauer: Filmmusik 2008 S 16, Zitat: Bernhard Herrmann

14

5. Literaturverzeichnis / Quellenangaben

1) Brüning, Bernd / Estrada, Luis / Fragoso, Cynthia/ Haun, Anke/ Hoffmann, Martin / Kemmelmeyer, Karl-Jürgen/ Kotzian, Rainer/ Lang, Otmar/ Martin, Kai/ Müller, Imke/ Nykrin, Rudolf/ Schmidt, Birgit: Projekt Filmmusik Medien und Musik, in: Spielpläne 2, hrsg.v. Karl-Jürgen Kemmelmeyer/Rudolf Nykrin/Anke Haun/Kai Martin, Leipzig 2006, S.214-217

2) Greiner, Hubl: Stimmung des Films in Filmmusik und Filmtipps, URL: http://www.e-filmmusik.de/geschichte_filmmusik/stimmung_film.html (Stand: 20.12.2016)

3) Kaiser, Stefanie: Biografie Hans Zimmer(1999) http://www.whoswho.de/bio/hans-zimmer.html (Stand: 10.11.2016)

4) Krettenauer, Thomas: Filmmusik. Oberstufe Musik, Berlin 2008

5) Kungel, Reinhard: Filmmusik für Filmemacher. Die richtige Musik zum besseren Film, Heidelberg 2008

6) Maas, Georg: Thema Musik Filmmusik. Arbeitsheft für den Musikunterricht in der Sekundarstufe I an allgemein bildenden Schulen, Leipzig 2001

7) Maas, Georg/ Schudack, Achim: Musik und Film – Filmmusik. Informationen und Modelle für die Unterrichtspraxis, Mainz 1994

8) Meisdrock, Claudia/ Müller, Alena: Filmmusiktechniken(2004), URL: http://www.uni-potsdam.de/u/slavistik/vc/filmanalyse/arb_stud/mueller_meisdrock/docs/historisch.htm

9) Mörtl, Katrin: Filmanalyse zu „Forrest Gump"(2001), URL: http://wwwu.edu.uni-klu.ac.at/kmoertl/filmanalyse.doc (Stand: 18.12.2016)

10) Ohl, Erik /Ohl, Vera/ Schönebeck, Lars/ Weimar, Ines: Forrest Gump in Musikkatalog(2016), URL: https://www.musicfox.com/thema/filmmusik-soundtrack/forest-gump/1 (Stand: 10.12.2016)

11) Schermann, Cathrine : Tom Hanks, Robert De Niro & Co. Sie werden mit der US-Freiheitsmedaille geehrt!, URL: http://www.bunte.de/starprofile/tom-hanks.html (Stand: 20.12.2016)

12) Seher, Thomas: Funktionen der Filmmusik(2000), in e-filmmusik, URL: http://www.e-filmmusik.de/diplomarbeit/funktion-filmmusik.html(Stand 13.11.2016)

13) Strobel, Frank: Eine kurze Geschichte der Filmmusik(2011), in Musik Heute, URL: http://www.musik-heute.de/386/kurze-geschichte-der-filmmusik/ (Stand: 10.11.2016)

14) Thomas, Andreas/ Kuhlbrodt, Dietrich: Forrest Gump (2007), in Filmzentrale, URL: http://www.filmzentrale.com/rezis/forrestgumpsk.htm (Stand: 10.12.2016)

15) Thomas, Tony: Filmmusik. Die großen Filmkomponisten – ihre Kunst und ihre Technik, München 1995

16) Walk, Ines: Tom Hanks (2007), URL: http://www.moviepilot.de/people/tom-hanks (Stand: 16.12.2016)

17) Walk, Ines: John Williams (2007), URL: http://www.moviepilot.de/people/john-williams (Stand: 10.12.2016)

18) Walk, Ines: Hans Zimmer (2007), URL: http://www.moviepilot.de/people/hans-zimmer (Stand: 10.12.2016)

19) Walk, Ines: Alan Silvestri (2007), URL: http://www.moviepilot.de/people/alan-silvestri (Stand: 10.12.2016)

20) Wunderlich, Dieter: Robert Zemeckis: Forrest Gump (2002) URL: http://www.dieterwunderlich.de/Zemeckis_Gump.htm (Stand: 18.12.2016)

21) Referat: Die Filmmusik kann die Handlung verstärken, interpretieren und kommentieren. URL: http://www.pausenhof.de/referat/musik/die-filmmusik-kann-die-handlung-verstaerken-interpretieren-und-kommentieren-analysiere-unter-diesen-gesichtspunkten-a-den-vorspann-b-ein-leitmotiv-c-einen-song-aus-forrest-gump-/12800 (Stand: 18.12.2016)

22) Beispiele für Filmmusik: URL:http://forum.giga.de/kino-dvd-blu-ray/1155718-beispiele-für-filmmusik.html (Stand: 20.12.2016)

6. Anhang

Notenbild

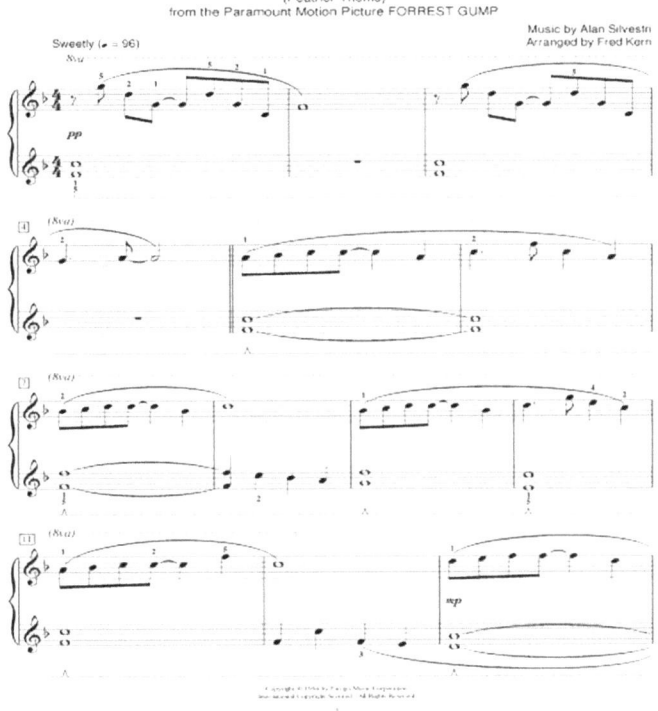

Quelle: